AF178735

KATRIN UND FRANK HECKER

MACH WAS
—— DRAUS

Mit der Natur durch Herbst und Winter

KOSMOS

INHALT

Zu diesem Buch

MIT OFFENEN AUGEN den Naturreichtum um uns herum wahrnehmen, kleine Schätze mit nach Hause nehmen und etwas Schönes, Leckeres oder einfach Wohltuendes daraus machen – darum geht es in diesem Buch. Oft ist es auch so, dass wir im Herbst und Winter draußen Zweige, Zapfen oder Früchte sammeln, die uns in ihren Bann ziehen – und dann Zuhause gar nicht so recht wissen, was wir damit tun können. Wir möchten dich ermutigen, die Kräuterhexe (oder den Kräuterzauberer) in dir zu entdecken, deine Geschmacksnerven neu zu wecken, dein Immunsystem auf natürliche Weise zu stärken, alte Naturbräuche

BLAUE KUGELN AN KAHLEN ZWEIGEN –
Schlehen sind ein typisches Winter-Obst.

FORMEN, FARBEN UND STRUKTUREN
fallen im Herbst und Winter besonders auf.

neu zu entdecken und dir und anderen einfach mal was Gutes zu tun.

DU BRAUCHST NUR WENIG Das meiste, was du außer deinen gesammelten Schätzen noch benötigst, findest du wahrscheinlich ohnehin in deiner Küche oder im Keller. So kannst du gleich nach dem Spaziergang loslegen und musst in den meisten Fällen nicht noch extra Material dazu kaufen. Es ist auch wirklich kein großartiges handwerkliches Können vonnöten, um aus Naturmaterialien tolle Dinge entstehen zu lassen!

SCHAU GENAU Eine wichtige Bitte haben wir aber noch, bevor du loslegen kannst: Sammle bitte nur Kräuter und Früchte, die du wirklich ganz genau kennst oder eindeutig bestimmen kannst. Es ist immer gut, ein Bestimmungsbuch zu Rate zu ziehen, bevor du Wildfrüchte oder Kräuter verarbeitest. Dies gilt auch zum Beispiel für die Fichte: Verwechsle sie auf keinen Fall mit der sehr ähnlichen Eibe Im Anhang auf Seite 69 findest du unsere Buchtipps zum sicheren Erkennen von Pflanzen.

MACH WAS DRAUS IM HERBST

FEUERROT verfärbt sich Essig, in dem Brombeeren für 2–3 Wochen gebadet haben. Im Kühlschrank aufbewahrt hält so ein Ansatzessig über mehrere Wochen.

Brombeer-Balsamico

Die dunklen Farbstoffe (Anthocyane) in Brombeeren sind sehr gut für dein Immunsystem.

WILDE BROMBEEREN sind klein, haben dafür aber ein ganz intensives Aroma. Weil sie uns nach dem pieksigen Ernten zum einfach Wegnaschen meist zu schade sind, legen wir sie in Essig ein, so begleitet uns ihr Geschmack noch bis in den Winter. Dazu waschen wir die Früchte zuhause gründlich, quetschen sie leicht mit einer Gabel an und geben sie in ein verschließbares Glas mit weiter Öffnung.

ERWÄRME SO VIEL Balsamico-Essig mit etwas Honig in einem Topf, dass die Früchte hinterher gut darin „schwimmen" können. Den warmen Essig gießt du über die Früchte und lässt den Ansatz nun 3 Wochen stehen, dabei regelmäßig schütteln. Zum Schluss gießt du den fertigen Brombeer-Balsamico durch ein feines Teesieb in eine saubere Flasche. Etikettieren nicht vergessen und im Kühlschrank aufbewahren.

PFLÜCKE DIE SCHWARZEN
Rot sind sie unreif.

IN ESSIG EINLEGEN
und regelmäßig schütteln.

Späte Räucherkräuter

Im Winter wird bei uns traditionell geräuchert – dieser Brauch hat sehr alte, weit zurückreichende Wurzeln.

WO AUCH IMMER DICKE LUFT IST, ob im Büro oder auch wenn die Stimmung zuhause angespannt ist, der Rauch ist in der Lage, Keime abzutöten und die Atmosphäre wieder zu entspannen. Besonders viel wird seit alters her in den Raunächten um die Weihnachtszeit herum geräuchert.

WIE DU RICHTIG RÄUCHERST und was du außer Kräutern noch dazu brauchst findest du ab Seite 64. Hier möchten wir dir erst einmal einige wichtige, heimische Räucherkräuter vorstellen, die du jetzt im Spätsommer und Herbst noch draußen in der Natur oder auch im Garten findest.

ZUM ABSCHIED VOM SOMMER noch letzte blühende und duftende Kräuter wie Schafgarbe, Goldrute, Johanniskraut und Gartensalbei pflücken.

RICHTIG TROCKNEN Sammle deine Kräuter nur an sonnigen Tagen. Zuhause streifst du Blätter und Blüten von den Stängeln und legst sie für etwa 2 Wochen zum Trocknen auf einem locker ausgebreiteten Tuch aus. Danach kannst du sie in einer beschrifteten Papiertüte verwahren (mit einer Wäscheklammer verschließen).

KÖNIGSKERZE entspannt die Atmosphäre.

MINZE erfrischt und klärt die Gedanken.

THYMIAN reinigt, schützt und stärkt.

BEIFUSS wärmt und entkrampft.

WILDER DOST gegen negative Energien.

RAINFARN vertreibt Schädlinge.

Räucherbüschel binden

Räucherbüschel nach indianischem Vorbild sind schön,
um damit in den Raunächten zu räuchern (Seite 64).

GANZ OHNE RÄUCHERKOHLE kommen diese Räucherbüschel aus. Du kannst sie in einer feuerfesten Schale oder auch am Lagerfeuer vor sich hin glimmen lassen oder ihr räuchert euch gegenseitig von Kopf bis Fuß damit ab. Das soll vor negativen Energien schützen und befreien. Räucherbüschel sind eher zur Verwendung im Freien geeignet, da sie viel Rauch entwickeln. Zünde die Spitze mit einem Feuerzeug an, auspusten und vor sich hin räuchern lassen. Zwischendurch immer mal wieder pusten, damit es gleichmäßig weiter räuchert.

RÄUCHERBÜSCHEL
umhüllt von Blättern und
Baumwollgarn.

SO BINDEST DU EIN RÄUCHERBÜSCHEL

Dazu brauchst du ganze Kräuter mit Stängel (ca. 30 cm lang) und lässt sie vorher einige Stunden anwelken.

DAS BRAUCHST DU

- verschiedene Räucherkräuter (Seite 10–11)
- große Blätter zum Einwickeln
- Bindfaden aus Baumwolle oder Hanf

1. ZUM STRAUSS ZUSAMMENLEGEN

Nimm einzelne Stängel verschiedener Kräuter und bündele sie in einer Hand zu einem lockeren Strauß. Achte darauf, dass dein Strauß oben an der Spitze nicht zu dünn wird.

2. IN EIN BLATT EINROLLEN

Wickle 1 oder 2 große Blätter (z. B. von der Königskerze) um deinen Strauß. Klappe die Spitze des Hüllblatts oben um deinen Strauß, so dass er schließlich ganz eingewickelt ist.

3. MIT BAND UMWICKELN

Zum Schluss umwickelst du dein Bündel ganz fest mit dem Band. Wickle dafür ruhig mehrfach hin und her. Das ist wichtig, weil nur feste Räucherbüschel wirklich gut glimmen.

NICHT ROH ESSEN
Die Kerne von Holunder-
beeren sind leicht giftig.
Verkocht zu Saft oder Gelee
sind Holunderbeeren aber
sehr gesund.

Holundergelee

Im Norden heißt er „Schwarzer Flieder", mancherorts „Holder" oder „Holler" – gemeint ist immer der Schwarze Holunder.

SCHWARZ GLÄNZEND sind sie richtig reif, dann enthalten die Früchte viele violette Farbstoffe (Anthocyane). Das sind kleine Alleskönner zur Stärkung unseres Immunsystems. Am besten schneidest du mit einer Schere die Dolden im Ganzen ab, mit einer Gabel lassen sich dann Zuhause die kugeligen Früchtchen leicht abstreifen.

DIE FRÜCHTE IM KOCHTOPF mit 2 Teilen Wasser und 1 Teil Apfelsaft bedecken und 10 Minuten köcheln lassen. Den Saft durch ein Sieb gießen und nach Anweisung mit Gelierzucker andicken. Fülle das fertige Gelee noch heiß in fest verschließbare, heiß ausgewaschene Gläser. Sehr lecker auf Brot oder zu Käsehäppchen.

IM SEPTEMBER sind Holunderbeeren richtig reif.

GUT GEGEN GRIPPE und fürs Immunsystem.

Samentütchen

Mit dieser kleinen aber feinen Geschenkidee sorgst du gleichzeitig für die Verbreitung wertvoller Wildpflanzen.

WENN BLUMEN und Wildkräuter allmählich welken und sich bräunlich verfärben, muss die Freude an ihrer Pracht noch lange nicht vorbei sein. Denn jetzt ist der richtige Zeitpunkt, dafür zu sorgen, dass es im nächsten Jahr draußen wieder bunt wird: Sammle die Samen deiner Lieblingsblumen und -kräuter, lasse sie ein wenig nachtrocknen und bewahre sie vor Feuchtigkeit geschützt und sorgfältig beschriftet auf.

ES IST FASZINIEREND zu beobachten, wie aus den winzig kleinen Samenkörnchen im nächsten Jahr zuerst zarte Keimlinge sprießen, und dann mit zu erleben, wie sie schließlich zu kräftigen Pflanzen mit duftenden Blüten heranwachsen. Besonders heimische Wildpflanzen sind richtige Insektenmagnete. Doch erlaubt ist, was du liebst: Verschenke darum deine ganz persönlichen Lieblingspflanzen.

WILDE KARDE
Ihre Samen sind besonders bei Stieglitzen sehr begehrt.

KLATSCHMOHN
bietet Hummeln und Schwebfliegen reichlich Nahrung.

MIT NACHTKERZEN
kannst du Nachtfalter in deinen Garten locken.

WILDE BLUMENFREUDEN EINTÜTEN & VERSCHENKEN Gefaltete Tütchen aus floral bedrucktem Geschenkpapier, befüllt mit selbst gesammelten Sämereien.

SAMEN VON SCHÖNEN WILDBLUMEN Im Uhrzeigersinn von hinten links beginnend: Malve, Nachtkerze, Wilde Karde, Seifenkraut und Klatschmohn, in der Mitte die Samen der Engelwurz.

RICHTIG SAMMELN UND AUFBEWAHREN

- Samen sind erntereif, wenn die Samenhüllen oder Kapseln sich bräunlich verfärbt haben.

- Reife Samen lassen sich gut absammeln, ihre Samenhüllen sind leicht zu öffnen.

- Wähle immer einen trockenen Tag zum Sammeln.

- Sammle immer nur 1 Sorte Samen pro Tüte und gib auch komplette Samenstände mit hinein, damit du später wiedererkennst, was du gesammelt hast.

- Die Samen locker ausgebreitet noch 1–2 Wochen lang nachreifen und gut durchtrocknen lassen.

- Verwahre die Samen luftdicht und vor Feuchtigkeit geschützt auf.

- Samentütchen immer beschriften.

- Richtig aufbewahrt sind Samen bis zu 3 Jahre lang keimfähig.

SAMENTÜTCHEN FALTEN

Dazu brauchst du nur ein schönes Papier (einseitig bedruckt), Schere und Klebestift, schon kann's losgehen.

1. RECHTECK AUSSCHNEIDEN (15 × 17 cm) und an der längeren Seite einen Streifen von 2 cm umknicken.

2. DIAGONAL ECKE AUF ECKE FALTEN, so dass der umgeknickte Streifen sich hinten befindet.

3. FALTE EINE ECKE des entstandenen Dreiecks so um, dass die Spitze die gegenüberliegende Längsseite berührt.

4. DIE GEGENÜBERLIEGENDE ECKE nun ebenfalls umfalten. Dadurch zeigt das weiße Schriftfeld jetzt nach oben.

5. EINEN PUNKT KLEBER auf die Spitze der nach oben zeigenden Spitze geben, bevor du sie vorsichtig in die vordere Tasche deines Tütchens schiebst.

6. BESCHRIFTE dein Samentütchen, gib die Samen hinein und falte zum Verschließen die verbliebene Spitze nach unten.

Hopfenlikör ansetzen

Hopfen wirkt spannungslösend und schlaffördernd, seine Wirkstoffe lassen sich gut in Alkohol ausziehen.

WILDER HOPFEN ist häufiger, als die meisten denken. Am liebsten wächst er in Gewässernähe, wo er mit seinen Ranken bis in die Baumkronen klettert. Ab August reifen an weiblichen Hopfenpflanzen die harzreichen Zapfen. Darin stecken würzig-bittere Harze mit beruhigender Wirkung. Sie lassen sich über mehrere Wochen gut in Alkohol ausziehen. Das kann Wein sein, ein Sherry oder auch geschmacksneutraler Wodka. Einen Hopfenlikör nimmt man nur schnapsgläschenweise ein.

SO SETZT DU IHN AN Gib eine gute Handvoll der grünen Zapfen mit 3 Esslöffeln Kandiszucker und Zitronenscheiben in ein Weithalsglas und lasse den Ansatz 2–3 Wochen durchziehen, dabei regelmäßig schwenken. Zum Schluss durch ein Teesieb in eine saubere, verschließbare Flasche umfüllen, etikettieren und kühl lagern. Mit Wein angesetzt hält dein Hopfenlikör einige Wochen, mit Wodka auch ein Jahr und länger. Schmeckt recht bitter, wirkt aber wunderbar.

RANKT VIELE METER HOCH
Wilder Hopfen wächst in Hecken und Auwäldern.

IM SEPTEMBER sind die Zapfen reif und können von den Ranken gepflückt werden.

DAS BESTE AUS HOPFEN
mal nicht im Bier: Hier
schwimmen die Zapfen
von Wildem Hopfen in
einem feinen Sherry.

Jahreszeiten-Kranz

Aus filigranen Samenständen, biegsamen Zweigen und Wildfrüchten entsteht ein natürlicher Herbstkranz.

DAS KANNST DU Ein Jahreszeiten-Kranz lebt von seiner Natürlichkeit – hier geht es nicht darum, einen perfekt symmetrischen Kranz zu binden, vielmehr soll er schon beim Sammeln und Binden Freude bereiten und dabei deinen ganz persönlichen Blick auf die Natur und ihren Jahresrhythmus widerspiegeln.

AUS BIEGSAMEN ZWEIGEN oder Ranken (Weidenzweige, Efeu-, Wein- oder Hopfenranken) windest du zuerst den Basiskranz – ihn kannst du das ganze Jahr über immer wieder verwenden und mit kleinen Sträußen aus der Natur passend zur Jahreszeit neu schmücken. Zum Dekorieren ist alles erlaubt, was dir gefällt.

EIN EINFACHER KRANZ geschmückt mit dem, was du gerade draußen findest.

EINEN KRANZ BINDEN

Ein Jahreszeiten-Kranz ist ganz einfach zu binden, es braucht dafür kein großartiges floristisches Geschick.

DAS BRAUCHST DU

- biegsame Zweige oder Ranken
- schöne Samen- und Fruchtstände mit Stängeln (nicht zu kurz abpflücken)
- Blumendraht
- Schere

1. WINDE EINEN LOCKEREN KREIS aus Ranken oder biegsamen Zweigen. Die Enden fixierst du mit Blumendraht. Es ist nicht wichtig, einen perfekten Kranz hinzubekommen, denn dieser Unterkranz wird ja noch geschmückt.

2. STRÄUSSCHEN BINDEN Deine Samen- und Fruchtstände bündelst du zu kleinen Sträußchen und fixierst sie mit Blumendraht. Lasse die Stängel ruhig etwas länger, sonst sieht der Kranz später zu ordentlich aus.

3. STRÄUSSE AM KRANZ FESTBINDEN Zum Schluss bindest du die Sträußchen mit Blumendraht an deinem Unterkranz fest. Lasse dabei ruhig einige länger als andere, so sieht es natürlicher aus. Zuletzt alle Drahtenden einkürzen.

NACHHALTIG UND NATÜRLICH Brennnessel-Samen sind das Ur-Stärkungsmittel. Die gute Nachricht: Getrocknet brennen Brennnesseln nicht mehr!

Grüne Powerkörner

Ihr hoher Proteingehalt, viele wichtige Vitamine und Mineralien machen Brennnesseln zum begehrten Superfood.

AB AUGUST hängen sie wie Weintrauben im Miniformat an allen Brennnesseln: winzige, grüne Samenkörnchen, prall voller Vitalstoffe. Doch nicht in allem, was aussieht wie Brennnesselsamen stecken auch wirklich Samenkörnchen drin. Es gibt sozusagen auch Fake-Samen. Deshalb wollen wir dir zeigen, worauf du beim Sammeln von Brennnesselsamen unbedingt achten solltest. Und da auch die Samenstände ein klein wenig brennen: Handschuhe nicht vergessen.

DAS MACHT SIE SO GESUND Die Brennnessel ist von Kopf bis Fuß eine große Heilpflanze: Mit ihrem hohen Gehalt an Kieselsäure, Kalium und Kalzium kurbelt sie die Tätigkeit der Nieren an und bringt hierdurch unseren Stoffwechsel in Schwung. Außerdem versorgt sie uns mit viel pflanzlichem Eiweiß, Eisen, den

GRÜN ERNTEN und vor dem Aufbewahren gut durchtrocknen lassen.

KÖRNCHEN KNACKEN Vor dem Verzehr die Samen anquetschen.

„RICHTIGE SAMEN" (links im Bild) der weiblichen und „falsche Samen" (rechts im Bild) der männlichen Pflanze.

Vitaminen C und E und essentiellen Fettsäuren. Bei sportlichen Herausforderungen oder Erschöpfung können die grünen Kraftpäckchen wahre Wunder bewirken.

„RICHTIGE SAMEN" Bei Brennnesseln ist es genau wie bei uns Menschen: Es gibt Weibchen und Männchen. Und nur die weiblichen Pflanzen können den Nachwuchs (Früchte/Samen) austragen. Daran erkennst du sie:
- Die Samenbüschel sind schwer und hängen schlaff am Stängel herunter.
- Echte Samen sind dunkelgrün, eiförmig und flach.
- Zupfe ein paar Samen ab und kaue darauf herum: Es knackt und schmeckt nussig.

- Später im Herbst verfärben sich die Samen braun, auch dann sind sie noch essbar.

„FALSCHE SAMEN" Hierbei handelt es sich nur um die verblühten männlichen Blütenstände, da sind keine Samen drin!
- Diese verblühten männlichen Blüten stehen meist waagerecht vom Stängel ab.
- Sie sind hellgrün und kugelig (nicht flach wie die echten Samen an der weiblichen Pflanze).
- Bissprobe: Da knackt nichts und es schmeckt nach nichts.
- Später im Herbst werden die abgeblühten männlichen Blüten schwarz und fallen schließlich ab.

BRENNNESSEL-SAMEN ERNTEN

Das Ernten von Samen kann schon eine mühsame Klauberei sein – nach dieser Methode geht es aber wirklich einfach.

BLÄTTER ABSCHNEIDEN Schneide zuerst den ganzen Brennnessel-Stängel ab. Dann schnippelst oder zupfst du die Blätter ab – daraus kannst du dir einen guten Tee kochen.

1. STÄNGEL TROCK-NEN LASSEN Lege die Stängel mit den Samenständen auf einem Tuch zum Trocknen aus.

2. SAMENSTÄNDE ABRIBBELN Fertig getrocknete Samenstände mit den Fingern vom Stängel streifen.

3. SAMEN DURCH-SIEBEN In einem Schraubglas vor Licht geschützt halten die Samen mehrere Monate.

Haselnuss-Schoko-Aufstrich

Nüsse selber finden und verarbeiten – das lockt garantiert auch Stubenhocker raus in heimische Hecken.

ENERGIEQUELLE UND BRAINFOOD
In Haselnüssen stecken viele verschiedene, ungesättigte Fettsäuren, wichtige Spurenelemente wie Eisen und Zink, die Mineralstoffe Calcium und Magnesium sowie wertvolle B- und E-Vitamine. Das enthaltene Lecithin gilt als gute Nervennahrung. Dabei gilt: je frischer, desto besser die Inhaltsstoffe!

WER SELBER SAMMELT hat garantiert richtig frische Nüsse und noch dazu vom heimischen Haselstrauch. In manchen Jahren hängen die Haelsträucher in unseren Hecken prall voll, in anderen muss man schon ziemlich suchen, um überhaupt welche zu finden. Die Sammelzeit beginnt je nach Region zwischen September und Oktober.

EIWEISSHALTIG
Haselnüsse bestehen zu etwa 12 Prozent aus pflanzlichem Eiweiß und sind daher besonders für Vegetarier und Veganer interessant.

HASELNUSSCREME RÜHREN

Frischer geht's nicht: Haselnüsse direkt vom Strauch ernten, knacken, mahlen und zu einem süßen Aufstrich vermischen.

DAS BRAUCHST DU

- 100 g gemahlene Haselnüsse (entspricht etwa 2 Händen voll ganzer Nüsse)
- 100 g Butter (pflanzlich: Margarine)
- 1 EL Kakaopulver
- 1 EL Honig (pflanzlich: Agavendicksaft)
- 1 EL Zucker
- Prise Salz

1. NÜSSE KNACKEN
Das macht die meiste Arbeit, denn selbst gesammelte Haselnüsse sind deutlich kleiner als gekaufte. Dafür schmecken sie aber auch besonders intensiv. Sammle nur braune Nüsse, grün sind sie unreif.

2. FEIN MAHLEN
Das funktioniert mit solch einer kleinen, mechanischen Handmühle, du kannst dafür aber natürlich auch deine Küchenmaschine benutzen. Je feiner gemahlen die Nüsse, desto cremiger wird das Mus.

3. VERMISCHEN
Gib die gemahlenen Nüsse und alle anderen Zutaten in einen Topf, und erwärme sie (nicht kochen lassen), bis ein geschmeidiger Brei entsteht. Noch warm in ein Glas füllen und verschließen.

Die Creme ist im Kühlschrank gut zwei Wochen lang haltbar.

Weißdorn-Früchtewein

Unser heimischer Weißdorn hat starke Kräfte –
er ist in der Lage, Herz und Kreislauf anzukurbeln.

MEDIZINWEINE erfreuten sich früher großer Beliebtheit, sind durch den einfachen Griff zur Pille aber nach und nach in Vergessenheit geraten. Das ist schade, denn wer gern ein Gläschen Wein genießt, kann so ganz gut das Angenehme mit dem Nützlichen verbinden. Der Alkohol zieht dabei nach und nach die Wirkstoffe aus den Früchten und sorgt zugleich für eine natürliche Konservierung. Medizinweine werden nur likörgläschenweise genossen.

SO GEHT'S Weißdornbeeren anquetschen und eine verschließbare Weithalsflasche zur Hälfte damit befüllen. Mit Weißwein und einem Schnapsglas voll Wodka (macht durch den höheren Alkoholgehalt den Wein haltbarer) begießen, nach Geschmack Kandiszucker zugeben. Zehn Tage ziehen lassen, dabei regelmäßig schwenken. Dann durch ein Sieb in eine saubere Flasche gießen und verschlossen im Kühlschrank aufbewahren. Haltbarkeit etwa ein halbes Jahr.

ROTE MINI-ÄPFEL und gelappte Blätter sind typisch für den Weißdorn.

FRÜCHTE, WEIN UND KANDIS
Zutaten für einen Weißdornwein.

DIE FRÜCHTE BADEN zehn Tage lang in einem Gemisch aus Weißwein, Wodka und Kandiszucker.

GRABEN UND RÖSTEN
Ein Kaffee aus den Wurzeln
des Löwenzahns.

Löwenzahn-Wurzelkaffee

Der heimische „Blümchenkaffee" enthält gesunde Bitterstoffe – gut für unseren Stoffwechsel.

MUCKEFUCK Unter diesem Namen kannten unsere Großeltern noch den Kaffee aus Wurzeln von Löwenzahn und Zichorie. Der Name „Muckefuck" soll sich vom französischen „mocca faux" = falscher Kaffee herleiten. Das Rösten von Wurzeln und Getreidekörnern zur Herstellung von kaffeeähnlichen Getränken geht schon auf die alten Ägypter zurück und erst mit dem zunehmenden Import von Bohnenkaffee ging die Herstellung dieses heimischen Kaffees fast gänzlich verloren.

BITTER IST GESUND Wir sind es heute kaum noch gewohnt, Bitterstoffe zu uns zu nehmen, denn gut verkauft wird, was süß schmeckt. Dabei sind Bitterstoffe wichtig für unseren Körper: Sie helfen dabei, Fette zu verbrennen, die Leber zu entgiften und außerdem dämpfen

ALLES AM LÖWENZAHN IST ESSBAR und außerordentlich gesund.

GUTE BITTERSTOFFE konzentrieren sich vor allem in den Wurzeln.

sie unseren Heißhunger auf Süßes. Die beste Sammelzeit für Löwenzahnwurzeln ist, wenn keine Blüten oder Samen mehr an der Pflanze zu finden sind, also entweder im zeitigen Frühjahr oder im Herbst.

DA WÄCHST ER Wenn du einen eigenen Garten hast, ist es einfach, an unbelastete Löwenzahnwurzeln zu kommen, denn Löwenzahn findet schnell von selbst den Weg in Rasen und Beete, wo er bei Gärtnern aber eher nicht so beliebt ist. So wird aus „Unkraut jäten" im Handumdrehen „Kaffee ernten". Auch draußen in freier Natur ist Löwenzahn eine häufige Pflanze auf Wiesen und an Wegrändern – achte beim Sammeln bitte unbedingt auf unbelastete Standorte (kein Dünger, keine Giftstoffe, kein Hunde-Pipi).

WURZELN AUSGRABEN Löwenzahnwurzeln sitzen tief und fest im Boden und es ist schon etwas schweißtreibend, genügend davon heraus zu bekommen. Benutze zum Graben eine wirklich stabile Grabforke oder einen Spaten: Erst die Erde ringsherum lockern, dann an der Wurzel ziehen.

KAFFEE KOCHEN Pro Tasse 2 Teelöffel des fein gemahlenen Wurzelpulvers (siehe rechts) in eine Kanne geben, mit sprudelnd heißem Wasser übergießen und 2–3 Minuten ziehen lassen. Dann durch ein Sieb in die Tasse gießen. Schmeckt auch lecker mit (Pflanzen-)Milch.

KOFFEINFREI UND BEKÖMMLICH
Sehr lecker auch mit einer Prise Chili oder Zimt verfeinert.

WURZELKAFFEE RÖSTEN

Nach dem Verdampfen der Feuchtigkeit geht der eigentliche Röstvorgang schnell und sollte gut überwacht werden.

DAS BRAUCHST DU

- 10–20 Löwenzahnwurzeln (die Blätter nicht wegwerfen, sondern im Salat genießen, sehr gesund!)
- Messer
- Pfanne
- Mörser oder Kaffeemühle

1. SCHEIBCHEN SCHNEIDEN Bürste die Erde von den Wurzeln, wasche sie gründlich unter Wasser und schneide die Wurzeln dann in möglichst feine, gleichmäßige Scheibchen.

2. OHNE FETT RÖSTEN Wurzelscheibchen (ohne Zugabe von Fett oder Öl) in die Pfanne geben und langsam auf Stufe 4–5 rösten, bis sie goldbraun sind.

3. FEIN VERMAHLEN Geröstete Wurzelscheibchen in einem fest verschlossenen Glas aufbewahren und vor Gebrauch im Mörser oder in der Kaffeemühle vermahlen.

WÄRMT UND MASSIERT ZUGLEICH Kastanien, selbst gesammelt und getrocknet, in einen Kissenbezug stecken und im Ofen erwärmen.

Kastanien-Wärmekissen

Solche selbst befüllten Wärme- und Massagekissen sind nachhaltig, umweltfreundlich und funktionieren wirklich!

NACKENVERSPANNUNGEN, klamme Hände oder kalte Füße bei der Schreibtischarbeit – so ein angewärmtes Kissen mit Kastanienfüllung gibt nach und nach die gespeicherte Wärme ab. Durch den Massageeffekt werden zugleich Verspannungen gelöst und die Durchblutung angeregt. Damit helfen wir unserem Körper, sich nicht nur von außen, sondern gleichzeitig auch von innen wieder aufzuheizen. Wichtig ist, die Kastanien vor dem Befüllen in den Kissenbezug wirklich gut durchtrocknen zu lassen.

AB SEPTEMBER fallen die ersten Kastanien vom Baum, du kannst sie aber auch noch bis Ende Oktober sammeln. Nimm nur reife, unbeschädigte Kastanien und lasse sie Zuhause locker ausgebreitet auf Zeitungspapier ca. 2 Wochen lang trocknen, dabei regelmäßig wenden. Befülle einen verschließbaren Kissenbezug locker mit den getrockneten Kastanien. Vor Gebrauch für 10–15 Minuten im Backofen bei 120 °C erwärmen – mit Backpapier umwickelt, damit der Bezug durch die Hitze nicht braun wird.

REIF SIND SIE, wenn sie aus ihrer stacheligen Hülle purzeln.

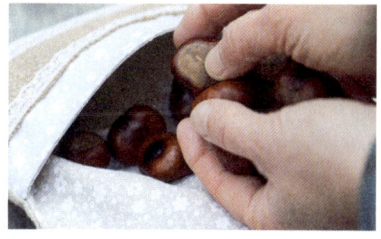

ERST TROCKNEN LASSEN, dann das Kissen damit befüllen.

MACH WAS
DRAUS
IM WINTER

Wildfrüchte-Punsch

***

Einfach beim Winterspaziergang drei Hände voll Wildfrüchte für einen durchwärmenden Punsch pflücken.

SO GEHT'S 2 Hände voll Schlehen, 1 Hand voll Hagebutten und 2 Tassen Wasser in einen Koch-topf geben. Nach Geschmack mit etwas Zimt und Zucker würzen und 15 Minuten lang köcheln lassen. Jetzt besonders die Hagebutten etwas anquetschen und alles weitere 15 Minuten köcheln lassen, bis die Farbe tief weinrot ist. Gib jetzt noch 2 Tassen Apfelsaft dazu oder stattdessen 2 Tassen Weißwein – je nachdem, ob du deinen Punsch mit oder ohne Alkohol haben möchtest. Erhitze alles zusammen noch einmal kurz, aber nicht mehr köcheln lassen.

ROH UNGENIESSBAR, GEKOCHT SEHR LECKER Nichts kommt an den
Geschmack und die Urkräfte unverfälschter Wildfrüchte heran.

NUR FESTE, ROTE FRÜCHTE
pflücken, matschige Hagebutten
schmecken nicht mehr.

DEN ERSTEN FROST ABWARTEN
Erst ab November sind Schlehen
wirklich reif.

Durch ein Sieb in eine Tasse oder
Kanne gießen und den Punsch sofort
so heiß wie möglich genießen.

BUNTE WINTERFRÜCHTE Bis
in den Winter hinein findest
du in natürlichen Hecken noch

Schlehenfrüchte und Hagebutten.
Diese Urfrüchte stärken unser
Immunsystem auf natürliche Weise.
So machen sie uns gerade jetzt in
der kälteren, dunklen Jahreshälfte
widerstandsfähiger gegen fiese Viren
und Bakterien.

AB IN DEN TOPF Die Früchte einfach
im Ganzen köcheln lassen.

NATÜRLICHER IMMUNBOOSTER
Punsch aus Schlehen und Hagebutten.

Fichtennadelsalz

Schmeck und duftet nach Winterwald: Fichtensalz ist zum Würzen und auch als Badesalz geeignet.

GRÜNDLICH MIXEN Zupfe die frischen Nadeln von den Zweigen und vermenge sie ungefähr im Verhältnis 1 : 1 mit deinem Salz. Wir benutzen hierfür ein naturbelassenes Steinsalz ohne Rieselhilfen oder sonstige Zusätze. Gib das Gemisch in den Mixer und mixe es, bis die Nadeln pulverfein sind und das Salz sich grün verfärbt. Dann hat sich das Salz mit dem Saft der Nadeln vollgesogen.

UND TROCKNEN Breite das grüne Salz auf einem Backblech aus und trockne es für etwa 10 Minuten bei 40 °C im Ofen (Kochlöffel in die Tür klemmen). Fülle dein Salz sofort in fest verschließbare Gläser. Das waldig-würzige Fichtennadelsalz passt gut zu winterlichen Eintöpfen und Aufläufen und tut ebenso hervorragende Dienste als natürliches Badesalz.

ABGEBROCHENE FICHTENZWEIGE findest du häufig am Waldboden

NADELN MIT SALZ VERMISCHEN und verholzte Ästchen absammeln.

IM MIXER GANZ FEIN PÜRIEREN bis ein homogenes, grünes Salz entsteht.

GESCHENK AUS DEM WALD Fichtennadeln mit einem möglichst naturreinen Speisesalz fein vermahlen.

**DIESES ABSOLUT
UNKOMPLIZIERTE PESTO**
kommt zur Abwechslung
mal ganz ohne Basilikum
und Pinienkerne aus.

Walnusspesto

Alles, was du für dieses Pesto benötigst, findest du sicher
in deiner Küche. Fehlt nur noch viel frische Petersilie.

ÜBRIGE WALNÜSSE aus dem Herbst werden im Nu zum frischen Winterpesto. Wenn du nicht alles auf einmal verbrauchst, gib den Rest in ein Schraubglas, bedecke es mit einer 1 cm hohen Schicht Olivenöl und bewahre es im Kühlschrank auf (hält mehrere Wochen).

DU BRAUCHST DAZU 2 Bund Petersilie, 2 Hände voll Walnüsse (entspricht etwa 100 g geknackten Walnüssen), 100 ml Olivenöl, 4 Zehen Knoblauch, 1/2-1 TL Chiliflocken, 1 TL Salz, etwas Pfeffer.

SO GEHT'S Zuerst knackst du die Walnüsse und hackst sie grob mit dem Messer. Erwärme eine Pfanne (ohne Fett!) auf kleiner Stufe (4–5) und röste die Nüsse darin, bis sie goldbraun sind. Dann vermischst du sie mit dem Öl, der gewaschenen, klein gehackten Petersilie, dem fein gepressten Knoblauch und den Gewürzen. Alles ganz fein pürieren.

MEHR BRAUCHT ES NICHT für ein frisch gerührtes Winterpesto.

AUSSEN GRÜN, INNEN NUSS Im Oktober können Walnüsse geerntet werden.

Das Gold aus dem Wald

Aus duftenden Harzen von Nadelbäumen wird eine wunderbare und wirkungsvolle Heilsalbe.

GOLDGELBE, KLEBRIGE HARZE bilden Fichten, um damit Verletzungen an ihrer Rinde zu verschließen. Wie ein Naturpflaster überzieht das Harz nach und nach freiliegendes Holz, so können krankmachende Bakterien, Viren und Pilze nicht eindringen. Zuerst ist das Harz noch flüssig, klebrig und glasklar. An der Luft erstarrt es mit der Zeit und wird dabei trüb und fest – man sagt, es „verharzt". Dieses Harz ist auch für Mensch und Tier überaus wohltuend und heilsam!

DIE WOHL ÄLTESTE HEILSALBE Von allen Kontinenten unserer Erde sind Heilsalben aus ganz unterschiedlichen Baumharzen bekannt. Ob Weihrauch von Balsambäumen, Mastik der Wilden Pistazie oder Fichtenharz: Sie alle enthalten

WALD-WUNDPFLASTER Klebriges Harz schützt den Baum vor Keimen.

GOLDBRÖCKCHEN Der Schatz aus dem Fichtenwald.

PECHSALBE
Fichtenharz – auch „Baum-
pech" genannt –, verrührt
mit Ölen und Wachsen.
Die pflasterartige Salbe
eignet sich auch gut zum
Einreiben bei Erkältungen.

DEN BAUM NICHT VERLETZEN Bitte nur überschüssiges Harz von den Wundrändern abnehmen, um die Wunde ja nicht wieder zu öffnen.

wertvolle Harzsäuren und Terpene, die entzündungshemmend, schmerzstillend und wundheilend wirken. Eine Salbe daraus benutzt man bei offenen Schnitt- und Schürfwunden, entzündlichen Infektionen der Haut und schmerzenden Gelenken.

WO DU FICHTENHARZ FINDEST

Besonders in Gebirgswäldern findest du viel Harz an Fichten, denn durch Steinschläge und umbrechende Bäume am Hang werden hier häufig Fichtenstämme verletzt. Besonders da, wo die Versorgung mit Wasser gut ist, können Fichten dann besonders viel Harz produzieren. Im Flachland wird man am ehesten an Wald- und Forstwegen fündig.

Hier entstehen Verletzungen an der Rinde häufig durch Fäll- und Rückarbeiten im Wald.

ACHTSAM SAMMELN UND TRANSPORTIEREN

Es hat ja einen Grund, warum der Baum Harz gebildet hat: Er braucht es, um damit eine Verletzung an seiner Rinde zu verschließen. Doch oft produziert der Baum viel mehr Harz, als er wirklich benötigt. Es läuft dann an der unverletzten Rinde herunter und kann hier abgenommen werden, ohne dem Baum damit zu schaden. Bitte benutze keine scharfkantigen Werkzeuge, um das Harz abzubekommen, du könntest damit die schützende Rinde erneut verletzen.

HARZSALBE HERSTELLEN

Das Geheimnis guter Salben ist Geduld: Es braucht Zeit, die Wirkstoffe schonend zu schmelzen und kalt zu rühren.

DAS BRAUCHST DU
- 120 ml Olivenöl
- 30 g Fichtenharz
- 10 g Bienenwachs
- Stövchen mit Teelicht
- kleines Töpfchen
- Rührlöffel
- Teesieb
- Gläschen oder Dosen für die fertige Salbe

1. HARZ UND ÖL MISCHEN Zuerst vermischst du Fichtenharz und Olivenöl im Töpfchen. Achte dabei darauf, dass kein Harz unten am Boden festklebt, es könnte sonst später festbrennen.

2. HARZ SCHMELZEN Zünde das Teelicht an und lasse das Harz langsam unter Rühren schmelzen. Gieße dann das Gemisch durch ein Teesieb, um Rindenstückchen und unlösliche Harzbröckchen abzusieben.

3. WACHS EINRÜHREN Jetzt erwärmst du dein Gemisch abermals auf dem Stövchen und gibst das Bienenwachs dazu. Rühren, bis sich alles aufgelöst hat. Rühre noch weiter, bis die Salbe etwas abgekühlt ist und langsam fest wird. Dann gibst du sie in deine Salbentiegel.

Harzsalbe ist auch ungekühlt mindestens ein Jahr lang haltbar.

Schlehkernkissen

Schlehenkerne sind viel zu schade zum Wegwerfen,
denn sie sind ideal, um damit ein Wärmekissen zu füllen.

KLEINE WÄRMESPEICHER Die Kerne von Schlehen sind genau wie Kirschkerne gute Wärmespeicher. Ebenso gut speichern sie auch niedrige Temperaturen und finden deshalb auch in Kühlkissen Verwendung. Wenn du dir einen Winterpunsch aus Schlehen kochst (Seite 40/41), dann fallen automatisch die Kerne dabei an. Koche sie aus und lasse sie danach für 1 Woche gut durchtrocknen.

EIN KISSEN BEFÜLLEN Gib 3–4 Hände voll Schlehenkerne in einen kleinen Kissenbezug und verschließe ihn gut, damit keine Kerne heraus purzeln können. Schlage das Kissen in Backpapier ein und lege es für 15 Minuten bei 120 °C in den vorgeheizten Backofen. Das Wärmekissen ist eine Wohltat bei Verspannungen. Für Kälteanwendungen deponiere ein weiteres Kissen im Gefrierfach.

WINTERFRÜCHTE
Schlehen sind erst ab
November wirklich reif.

MINIPFLAUMEN
Roh sind die Früchte
aber ungenießbar.

SCHLEHENKERNE
zuerst auskochen und
trocknen lassen.

STATT WÄRMFLASCHE Kernkissen geben eine wohlige, trockene und gleichmäßige Wärme ab.

MIT ERLENZWEIGEN UMWUNDEN Das Kerzenlicht malt atmosphärische Schattenspiele durchs Geäst.

Stimmungsvolles Waldlicht

Eine Handvoll Zweige verwandelt im Handumdrehen ein einfaches Glas in ein faszinierendes Windlicht.

SCHÖNES GEÄST Im Winter, wenn die Bäume ganz kahl dastehen, kommen die eher feinen, filigranen Strukturen ihrer Zweige besonders schön zur Geltung. An den Zweigen der Erle fallen jetzt die kleinen, dekorativen Erlenzapfen auf, daneben ihre zart lila überhauchten Hängekätzchen und die lila Blattknospen. Du findest Erlen immer in der Nähe von Gewässern und in sumpfigen Wäldern.

SO GEHT'S Wickle ein Gummiband so um dein Glas, dass es festsitzt und nicht mehr rutschen kann. Stecke einzelne Zweige oder auch kleine Zweigbündel hinter das Gummiband. Sieht alles gut aus? Dann fixiere dein Arrangement jetzt mit Draht oder Schnur und entferne das Gummiband. Fülle eine Schicht Sand ins Glas und stecke eine Kerze in die Mitte – fertig ist dein stimmungsvolles Waldlicht.

ERLENZAPFEN UND -KÄTZCHEN findest du jetzt im Winter.

GUMMIBAND UMS GLAS knoten und Zweige dahinterstecken.

MIT DRAHT ODER SCHNUR umwickeln und Gummiband entfernen.

Tassenkuchen für Vögel

Kurze Tage, klirrende Kälte: Hilf Wildvögeln mit energiereichem Futter durch die nahrungsarme Winterzeit!

IM WINTER WIRD DAS FUTTER KNAPP und Vögel verlieren jetzt bei der Kälte schneller an Gewicht als sonst. Vielerorts gibt es heute nur noch wenige naturbelassene Wiesen, Hecken und Wegsäume, wo überwinternde Vögel Sämereien und Früchte finden könnten. Da wird ein Futterplätzchen schnell zur überlebenswichtigen Energietankstelle.

GUTES TUN UND SELBER KOCHEN Doch nicht alles, was als Vogelfutter angeboten wird kann von Wintervögeln auch wirklich gut verwertet werden. Schwer verdauliche, billige Fette, minderwertige Kleie und ganze Getreidekörner helfen den Vögeln nicht wirklich über den Winter. Wer selber kocht, hat die Wahl und weiß, was drin steckt im Winterfutter.

KLEINES GESCHENK, GROSSE WIRKUNG
Das selbst gekochte Fettfutter einfach in eine Tasse geben, Stöckchen reinstecken und die Tasse mit einem Stückchen Schnur aufhängen.

FETTFUTTER SELBER KOCHEN

Ob als Tassenkuchen, Knödel oder Meisenkeks: Mit diesem Fettfutter kannst du so richtig kreativ werden.

DAS BRAUCHST DU
- 1kg naturbelassenes, ungewürztes Fett (Kokosfett, Rindertalg)
- 1kg Körnermischung (Getreideflocken, Sonnenblumenkerne, Nüsse)
- 3 Esslöffel Speiseöl (so bleibt das Futter auch bei Frost geschmeidig)

1. KÖRNER INS FLÜSSIGE FETT GEBEN Schmelze das Fett mit dem Öl langsam auf kleiner Flamme und gib die Körnermischung dazu.

2. UNTER RÜHREN AUSHÄRTEN LASSEN Nimm den Topf vom Herd und lasse die Mischung abkühlen, dabei regelmäßig umrühren.

Kurz bevor das Fett komplett ausgehärtet ist, lässt es sich leicht zu Knödeln rollen oder in Förmchen füllen (Seite 57).

Meisenkeks & Futterzapfen

Aus Fettfutter für Vögel (Rezept Seite 55) kannst du
viele verschiedene Vogel-Snacks kreieren.

EIN KLACKS FÜR HOBBYKÖCHE
Meisenkekse sind aus unserer
Fettfutter-Mischung kinderleicht
herzustellen: Lege Keksförmchen
auf einem Stück Backpapier aus und
knote eine Schnur an jedes Förmchen.

Mit einem Teelöffel drückst du das
Fettfutter fest hinein. Achte dabei
darauf, auch die Zacken von Sternen
komplett auszufüllen, damit das
Futter auch gut zusammenhält.
Lasse die Kekse noch mindestens eine

ÜBRIGE KEKSFÖRMCHEN aus der Weihnachtsbäckerei
finden ihre neue Bestimmung im Garten.

Nacht lang richtig aushärten. Haben die Vögel ihre Keksförmchen leer gefuttert, wasche sie gründlich mit heißem Seifenwasser und befülle sie wieder neu. Das Bändchen kannst du natürlich auch wiederverwenden. So produzierst du mit deiner Fütterung keinen unnötigen Müll.

KNÖDEL ROLLEN Wenn die Masse fast fest geworden ist, kannst du Futterknödel daraus rollen. Befeuchte deine Hände zuerst mit warmem Wasser, damit das Fettfutter nicht an deiner Haut kleben bleibt. Mit einem großen Löffel stichst du einen Klacks Fettfutter ab und rollst ihn zwischen deinen Händen, bis er gut zusammenhält und richtig schön rund ist. Wenn du magst, kannst du die Knödel dann auch noch in feinen Sämereien wie Mohn oder Hirse rollen. Lasse auch die Knödel richtig fest werden, damit sie stabil sind.

SEI KREATIV Mit dem Fettfutter für Vögel kannst du deiner Kreativität freien Lauf lassen. Stöbere mal in der Küche, da findest du sicher Dinge, die sich prima als Futterspender eignen. Befülle z. B. eine alte Tasse wie auf dem Foto auf Seite 54 (Stöckchen als Landeplatz nicht vergessen). Oder du nimmst einen Schneebesen, biegst die Drähte etwas auseinander und schiebst fertige Meisenknödel hinein. Jetzt kannst du ihn draußen aufhängen.

O' ZAPFT IS Futterzapfen für Kleiber und Spechte

MEISENKNÖDEL UNVERPACKT
Küchenutensilien als Futterspender

Adventsstern aus Zweigen

Eine Handvoll Stöcke, Blumendraht, Band, Schere und ein bisschen was zum Dekorieren – fertig ist der Adventsstern!

NACHHALTIG UND NATÜRLICH in der Weihnachtszeit zu schmücken ist auch möglich, wenn du keinen eigenen Garten hast. Denn selbst im Winter bietet unsere heimische Natur viele bezaubernde Details, du musst nur mit offenen Augen umherstreifen. Auf dem Waldboden findest du oft abgebrochene Fichtenzweige, schönes Moos und Zapfen und an Erle und Hasel hängen schon jetzt dekorative Kätzchen.

IN HECKEN, die regelmäßig gestutzt werden, findest du junge Zweige von Hasel, Weide oder Hartriegel,

IMMERGRÜNES wie Fichte, Efeu, Eibe oder Moos zum Dekorieren.

LEUCHTENDE FRÜCHTE von Wildrosen aus heimischen Hecken.

HÄNGEKÄTZCHEN findest du an Hasel und Erle (Seite 53).

ADVENTSGRUSS

Unseren Stern haben wir
an einem Stock befestigt
und in den Gartenzaun
gesteckt. Hier draußen
hält er lange frisch und
erfreut Spaziergänger
im Vorbeigehen.

sie sind besonders geeignet, um das Grundgerüst des Sterns daraus zu binden. Auch die roten Hagebutten der Wildrosen sind hier zu finden, Zweige mit blauen Schlehen, flechtenüberzogene Zweige von Holunder, Ranken vom Efeu – zum Dekorieren des Sterns ist alles erlaubt, was dir gefällt.

GUTE ZWEIGE zum Basteln eines solchen Sterns sollten nicht dicker sein als etwa ein Bleistift. Damit die Zweige das Umwickeln mit dem Blumendraht dennoch gut aushalten, ohne dabei zu zerbrechen, dürfen sie innen nicht hohl oder bereits morsch sein. Gut geeignet zum Basteln sind deshalb ein- oder zweijährige Ruten von Hasel oder Weiden: Sie sind stabil und dabei dennoch etwas flexibel.

DOPPELT HÄLT BESSER Unser Adventsstern ist gebaut wie ein Sandwich: Zuerst bastelst du aus 5 Zweigen einen kompletten Stern. Er ist sozusagen die untere Scheibe Toastbrot, die du nun mit allem belegst, was dir besonders gut gefällt. Ist dein „Toast" fertig belegt, fixierst du einen zweiten, genau gleich großen Stern darüber. Er sorgt dafür, dass dein Belag nicht runterfällt.

GUT VERBUNDEN Damit der Stern seine Form behält, alle Stellen, an denen Zweige übereinanderliegen, wirklich fest umwickeln.

STERN AUS ZWEIGEN

Im Wald findest du alles, was du an „Zutaten" benötigst, um solch einen dekorativen Adventsstern zu basteln.

DAS BRAUCHST DU

Für den Doppelstern
- 10 etwa gleich dicke Zweige (40–50 cm)
- Blumendraht, Schnur, Rosenschere

Zum Dekorieren
- viele dünne Zweiglein
- immergrüne Zweige
- Zweige mit Kätzchen, kleinen Zapfen oder Früchten
- einen langen Stock zum Befestigen oder Band zum Aufhängen

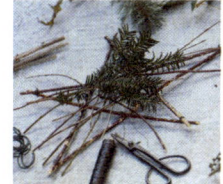

1. EINEN STERN LEGEN Aus 5 Zweigen legst du einen möglichst gleichmäßigen Stern. Umwickle alle Überschneidungspunkte der Zweige mit Blumendraht. Aus den anderen 5 Zweigen fertigst du noch so einen Stern, den du erstmal beiseitelegst.

2. DEN STERN DEKORIEREN Lege kreuz und quer dünne Zweiglein auf den Stern. Sie sorgen dafür, dass kleineres Dekomaterial nicht durch den Stern rutscht. Darauf platzierst du deine immergrünen Zweige, Früchte, Kätzchen oder Zapfen.

3. ZUSAMMENBAUEN Zum Schluss legst du den zweiten Stern auf den ersten und umwickelst die Spitzen beider Sterne fest mit Blumendraht. Schneide überstehende Zweige mit der Schere ab. Alle Drahtwickelungen werden zum Schluss mit Schnur verdeckt.

VERGÄNGLICHE NATURKUNST Wird es wärmer,
schmilzt das Windlicht in sich zusammen.

Windlicht aus Eis

Für eisige Zeiten: Minustemperaturen zaubern aus Wasser, Zweigen und Früchten ein vergängliches Windlicht.

HIERFÜR BRAUCHST DU zwei Gefäße, die etwa gleich hoch sind, aber unterschiedlich schlank. Zwischen dem inneren und dem äußeren Becher sollte ein etwa 2 cm breiter Zwischenraum bleiben. Zum Dekorieren eignen sich Früchte, Zweige und schöne Samenstände. Dann brauchst du nur noch Wasser zum Befüllen und eine richtig kalte Nacht (oder eine Nacht im Gefrierschrank).

SO GEHT'S Stelle das kleinere Gefäß in das größere und fixiere die beiden mit Klebeband. In den Zwischenraum steckst du dein Dekomaterial und füllst ihn anschließend mit Leitungswasser auf. Gut durchfrieren lassen und dann mit etwas warmem Wasser die Wände der Becher antauen lassen, bis sie sich gut voneinander lösen. Eine Kerze in die Mitte – fertig ist dein Windlicht.

BECHER INEINANDER STELLEN Der Zwischenraum sollte etwa 2 cm breit sein.

MIT KLEBEBAND FIXIEREN So bleibt der Zwischenraum gleichmäßig.

ZWISCHENRAUM MIT DEKO bestücken und mit Wasser auffüllen.

Räuchern in den Raunächten

Das Verräuchern von Kräutern sollten wir ruhig viel öfter in unseren Alltag integrieren, denn es tut einfach gut.

IN DEN RAUNÄCHTEN, die von Mitte Dezember bis in den Januar hinein stattfinden, wird seit alters her besonders viel geräuchert. Es ist die Zeit „zwischen den Jahren", in der nach alter Sitte alltägliche Arbeiten nach Möglichkeit ruhen sollten. Der Rauch verglimmender Kräuter ist dazu da, dicke Luft zu vertreiben, hat aber zugleich auch spirituelle Dimensionen.

RÄUCHERN auf dem Räucherstövchen ist besonders unkompliziert. Du brauchst dazu nur klein geschnittene, getrocknete Kräuter, ein Räucherstövchen mit Metallsieb und ein Teelicht. Die Kräuter werden durch die Hitze der Kerze langsam und angenehm verräuchert. Harze immer auf einer Unterlage (Alufolie) verräuchern – es besteht Brandgefahr.

IM FREIEN
ist Räuchern besonders stimmungsvoll.

ZUR SONNENWENDE
wird gerne mit Misteln geräuchert.

AM LAGERFEUER
Glimmendes Räucherbündel.

FÜNF MINUTEN RUHE
Räucherung für
zwischendurch auf
dem Räucherstövchen:
Wir verräuchern hier
Beifuß, Wilden Dost und
Holunder, du kannst aber
auch mit Küchenkräutern
wie Thymian, Lorbeer
und Rosmarin räuchern.

DAS RÄUCHERN AUF RÄUCHERKOHLE ist etwas aufwändiger, dafür aber besonders intensiv. Du benötigst dazu einiges an Zubehör.

RÄUCHERN MIT RÄUCHERKOHLE
Dazu brauchst du neben deinen getrockneten Kräutern noch eine feuerfeste Schale (eine kleine Pfanne tut es auch), etwas Sand (keinen Vogelsand benutzen, er könnte mit Chemie behandelt sein), Räucherkohle, Räucherzange zum Anzünden der Kohle und zum Auflegen der Kräuter, eine Feder zum Zufächeln frischer Luft und natürlich ein Feuerzeug oder Streichhölzer.

SO GEHT'S Gib etwas Sand ins Räuchergefäß, er belüftet die Kohle von unten und sorgt dafür, dass der Boden nicht zu heiß wird. Greife mit der Zange die Räucherkohle und zünde sie an. Sobald sie knistert und glimmt, platzierst du sie in der Mitte auf dem Sand (Einbuchtung nach

oben). Glüht sie, lege dein Räuchergut nach und nach auf die Kohle. Mit der Feder fächelst du frische Luft zu.

BESTE RÄUCHERKRÄUTER AUS NATUR UND GARTEN Das Räuchern geht auch in unseren Breiten auf uralte Traditionen zurück, lange bevor es Räuchershops mit exotischen Harzen und Kräutern aus Übersee gab! Es tut gut, uns wieder auf unsere ureigenen Wurzeln zu besinnen. Mit dem zu Räuchern, was vor unserer Haustür wächst, schafft eine enge Verbindung zu dem, was uns wirklich umgibt und von dem auch wir ein Teil sind.

AUS DER NATUR SAMMELN wir zum Räuchern besonders gern Baldrian, Beifuß, Thymian (Quendel),

RÄUCHERGUT FÜR DIE RAUNÄCHTE Traditionell wird zum Jahreswechsel mit Mistel, Fichtennadeln und -harz, Wacholder, Beifuß, Johanniskraut und Holunder geräuchert.

Holunder, Schafgarbe, Minze, Rainfarn, Königskerzen, Johanniskraut, Mistel, Wacholder, Fichte und die harzigen Knospen von Birken und Pappeln. Schöne Räucherkräuter aus dem Garten sind Salbei, Ysop, Rosmarin, Lavendel, Rosen und Muskateller-Salbei.

RÄUCHERBÜSCHEL sind ausschließlich zum Verräuchern im Freien geeignet, da die Rauchentwicklung groß ist. Wie du solche Räucherbüschel selber binden und verwenden kannst findest du auf Seite 12 und 13.

SERVICE

ZUM WEITERLESEN

**DIESE BÜCHER HELFEN
DIR, PFLANZEN RICHTIG ZU
BESTIMMEN:**

Bachofer, Mark und Joachim Mayer:
Der Kosmos Baumführer. 370 Bäume und Sträucher Mitteleuropas.
Kosmos 2021

Beiser, Rudi: **Unsere essbaren
Wildpflanzen.** Bestimmen, sammeln
und zubereiten. Kosmos 2018

Bosch, Meike: **Bäume am
Blatt erkennen.** 78 Laub- und
Nadelgehölze. Kosmos 2020

Hecker, Katrin und Frank:
Naturführer für unterwegs. Einfach
bestimmen nach Lebensräumen.
Kosmos 2021

Hecker, Katrin und Frank:
**Ein gutes Dutzend heilende
Pflanzen** finden & nutzen.
Kosmos 2021

Hecker, Katrin und Frank:
Ein gutes Dutzend wilde Kräuter
finden & genießen. Kosmos 2021

Hecker, Katrin und Frank:
**Naturverbunden – Entdecke
die Pflanzen, die dir gut tun.**
Kosmos 2021

Spohn, Margot und Marianne
Golte-Bechtle: **Was blüht denn da?**
Kosmos 2021

**MIT DIESEN BÜCHERN KANNST
DU NOCH TIEFER IN DEINE
LIEBLINGSTHEMEN EINSTEIGEN:**

Bader, Marlis: **Räuchern mit
heimischen Kräutern.** Anwendung,
Wirkung und Rituale im Jahreskreis.
Goldmann 2008

Hecker, Katrin und Frank:
Heilsame Wildpflanzen. Im
Rhythmus der 10 Jahreszeiten
sammeln und anwenden.
Haupt 2019

Hecker, Katrin und Frank:
**Kann ich das essen oder bringt
mich das um?** Essbare & giftige
Wildpflanzen erkennen.
Kosmos 2020

REGISTER

IMPRESSUM

Mit 142 Farbfotos von **Frank Hecker**, die alle eigens für dieses Buch aufgenommen wurden.

Umschlaggestaltung von GRAMISCI Editorialdesign (Isabelle Fischer), München, unter Verwendung von zwei Aufnahmen von **Frank Hecker.**

> Der Inhalt dieses Buches ist sorgfältig recherchiert und erarbeitet worden. Dennoch können weder Autoren noch Verlag für alle Angaben im Buch eine Haftung übernehmen.

Unser gesamtes Programm finden Sie unter **kosmos.de**.
Über Neuigkeiten informieren Sie regelmäßig unsere Newsletter, einfach anmelden unter **kosmos.de/newsletter**

Gedruckt auf chlorfrei gebleichtem Papier

© 2021, Franckh-Kosmos Verlags-GmbH & Co. KG, Stuttgart
Alle Rechte vorbehalten
ISBN: 978-3-440-17103-5
Redaktion: Claudia Salata
Gestaltungskonzept: GRAMISCI Editorial Design, München
Satz: Sigrid Walter, Würzburg
Produktion: Markus Schärtlein
Druck und Bindung: Longo AG, Bozen
Printed in Italy/ Imprimé en Italie

INTERVIEW MIT DEN AUTOREN KATRIN UND FRANK HECKER

WAS HAT EUCH ZU DIESEM BUCH INSPIRIERT?

Wir möchten damit Lust machen, rauszugehen und mit offenen Augen durch die Natur zu streifen, denn dort gibt es zu jeder Jahreszeit richtig tolle Schätze zu entdecken! Naturmaterialien zu sammeln und damit etwas zu machen – ob Adventsbasteleien oder Heilsalbe – kann eine vertraute Verbindung schaffen zu der Natur, die uns umgibt und von der wir ja auch ein Teil sind.

WAS WÜRDET IHR EUREN LESERINNEN UND LESERN GERNE ANS HERZ LEGEN?

Geht weniger shoppen und mehr raus in den Wald. Begegnet der Kräuterhexe in euch und seid kreativ ohne Anspruch auf Perfektion.

Taucht ein in die faszinierende Welt des Waldes und geht mit allen Wesen, denen ihr dort begegnet – ob Pflanze oder Tier – freundlich und achtsam um.

KONTAKT

Du möchtest „live" dabei sein und uns durch das Wildpflanzenjahr folgen? Wir freuen uns, wenn du uns auf unserem facebook-Kanal besuchst: naturverbunden@katrinundfrank.hecker.